Pedro Calderón de la Barca

Jácara de Carrasco

Barcelona **2024**
Linkgua-ediciones.com

Créditos

Título original: Jácara de Carrasco.

© 2024, Red ediciones S.L.

e-mail: info@Linkgua-ediciones.com

Diseño de cubierta: Michel Mallard

ISBN rústica: 978-84-9816-420-6.
ISBN ebook: 978-84-9953-884-6.

Sumario

Brevísima presentación

La vida
Pedro Calderón de la Barca (Madrid, 1600-Madrid, 1681). España.

Su padre era noble y escribano en el consejo de hacienda del rey. Se educó en el colegio imperial de los jesuitas y más tarde entró en las universidades de Alcalá y Salamanca, aunque no se sabe si llegó a graduarse.

Tuvo una juventud turbulenta. Incluso se le acusa de la muerte de algunos de sus enemigos. En 1621 se negó a ser sacerdote, y poco después, en 1623, empezó a escribir y estrenar obras de teatro. Escribió más de ciento veinte, otra docena larga en colaboración y alrededor de setenta autos sacramentales. Sus primeros estrenos fueron en corrales.

Entre 1635 y 1637, Calderón de la Barca fue nombrado caballero de la Orden de Santiago. Por entonces publicó veinticuatro comedias en dos volúmenes y La vida es sueño (1636), su obra más célebre. En la década siguiente vivió en Cataluña y, entre 1640 y 1642, combatió con las tropas castellanas. Sin embargo, su salud se quebrantó y abandonó la vida militar. Entre 1647 y 1649 la muerte de la reina y después la del príncipe heredero provocaron el cierre de los teatros, por lo que Calderón tuvo que limitarse a escribir autos sacramentales.

Calderón murió mientras trabajaba en una comedia dedicada a la reina María Luisa, mujer de Carlos II el Hechizado. Su hermano José Calderón de la Barca, hombre pendenciero, fue uno de sus editores más fieles.

Personajes

Carrasco
La Pérez

Jácara

(Sale Carrasco.)

Carrasco

Loado sea el hijo de Dios,
y a quien no dijere amén,
soga le dé, como a mí
suele, un ministro del Rey.
Carrasco soy, el de Utrera,   5
el que me supe valer
por lo breve de mis manos,
por lo largo de mis pies.
Preso he estado algunos días,
porque cierto amigo, a quien   10
le lié unas ligaduras,
me cogió, aunque las lié.
Escapé, y busco a la Pérez,
mozuela de tanta ley,
que se las puede apostar   15
a los vecinos de Argel.

(Sale la Pérez.)

Pérez
(Sin ver a Carrasco.)

Yo, señores matasietes,
soy la Pérez de Jerez,
que en el fuego de mis ojos
al más crudo le asaré.   20
Quejoso tengo a Carrasco;
y aunque lo hice mal con él,
ipardiez, que no pude más,
embarazada con diez!

Carrasco (Aparte.)

Allí a la Pérez he visto.   25

Pérez (Aparte.)	Allí a Carrasco miré.
Carrasco	Seora honrada, ¿era ya tiempo de ver al hombre de bien?
Pérez	Bien venido, seor Chinchilla... ¡Ay de mí, que el nombre erré! 30
Carrasco	Muy bien puede confirmarme, pues ha obispado vucé.
Pérez	Una mitra no es milagro.
Carrasco	Antes milagrosa fue, pues estando el día sereno, 35 naranjas hizo llover.
Pérez	Pues tú fuiste cardenal el día que yo obispé, y te dieron un jubón que tú no mandaste hacer, 40 con los golpes muy espesos y pegados del revés, tan justos, que por mil partes te hizo la sangre verter.
Carrasco	¡Amigo soy yo de burlas! 45 ¿No sabes que me enfadé con un juez, porque a preguntas me daba bravo cordel?
Pérez	¡Linda flor la del Carrasco!

Carrasco	Pues, reina, perdóneme, 50
	que aunque sea mi respeto
	se le tengo hoy de perder.
	Diga ¿por qué no me ha visto?
Pérez	Porque tuve un buen porqué.
Carrasco	¿Partiremos?
Pérez	Por entero. 55
Carrasco	Pues ya me desenojé.

Libros a la carta

A la carta es un servicio especializado para
empresas,
librerías,
bibliotecas,
editoriales
y centros de enseñanza;
y permite confeccionar libros que, por su formato y concepción, sirven a los propósitos más específicos de estas instituciones.

Las empresas nos encargan ediciones personalizadas para marketing editorial o para regalos institucionales. Y los interesados solicitan, a título personal, ediciones antiguas, o no disponibles en el mercado; y las acompañan con notas y comentarios críticos.

Las ediciones tienen como apoyo un libro de estilo con todo tipo de referencias sobre los criterios de tratamiento tipográfico aplicados a nuestros libros que puede ser consultado en Linkgua-ediciones.com.

Linkgua edita por encargo diferentes versiones de una misma obra con distintos tratamientos ortotipográficos (actualizaciones de carácter divulgativo de un clásico, o versiones estrictamente fieles a la edición original de referencia).

Este servicio de ediciones a la carta le permitirá, si usted se dedica a la enseñanza, tener una forma de hacer pública su interpretación de un texto y, sobre una versión digitalizada «base», usted podrá introducir interpretaciones del texto fuente. Es un tópico que los profesores denuncien en clase los desmanes de una edición, o vayan comentando errores de interpretación de un texto y esta es una solución útil a esa necesidad del mundo académico.

Asimismo publicamos de manera sistemática, en un mismo catálogo, tesis doctorales y actas de congresos académicos, que son distribuidas a través de nuestra Web.

El servicio de «libros a la carta» funciona de dos formas.

1. Tenemos un fondo de libros digitalizados que usted puede personalizar en tiradas de al menos cinco ejemplares. Estas personalizaciones pueden ser de todo tipo: añadir notas de clase para uso de un grupo de estudiantes,

introducir logos corporativos para uso con fines de marketing empresarial, etc. etc.

2. Buscamos libros descatalogados de otras editoriales y los reeditamos en tiradas cortas a petición de un cliente.

www.ingramcontent.com/pod-product-compliance
Lightning Source LLC
Chambersburg PA
CBHW032115040426
42337CB00041B/1505